a a d d

a a a a

d d d d

an artistic dog

aa aa

ad ad ad ad ad add

dd dd

da da da da da dad

add dad

1

Downcurve Letters

C c  O o

c  c  c  c  c

o  o  o  o

a cold octopus

cc  cc

co  co  co  co  co  co  cod

oo  oo

od  od  od  od  odd

cod  odd

*Downcurve Letters*

g g g g

g g g g

q q q q

a good quail

gg gg

go go go go go good

qq qq

aq aq aq aq aqua

good aqua

3

*Downcurve Letters*

n m m m

m m m m

m m m

a noisy monkey

mm mm

mo mo mo mo mod

mm mm

ma ma ma man

mod man

$\mathcal{V}$ $\mathcal{V}$ $\mathcal{X}$ $\mathcal{X}$

$\mathcal{V}$ $\mathcal{V}$ $\mathcal{V}$ $\mathcal{V}$

$\mathcal{X}$ $\mathcal{X}$ $\mathcal{X}$ $\mathcal{X}$

*a vulture's xylophone*

$\mathcal{VV}$ $\mathcal{VV}$

$\mathcal{Va}$ $\mathcal{Va}$ $\mathcal{Va}$ $\mathcal{Va}$ $\mathcal{Van}$

$\mathcal{xx}$ $\mathcal{xx}$

$\mathcal{ox}$ $\mathcal{ox}$ $\mathcal{ox}$ $\mathcal{ox}$ $\mathcal{ox}$ $\mathcal{box}$

$\mathcal{van}$ $\mathcal{box}$

y y  z z

y y y y

z z z z

a yawning zebra

yy yy

ya ya ya ya yam

zz zz

zo zo zo zo zo zoo

yam              zoo

6

*Overcurve Letters*

Name

ii t tt

ii ii ii ii

t t t t tt

ii ii

ig ig ig ig dig

tt tt

ti ti ti ti ti tin

dig                    tin

an intelligent turtle

u w W w

w w w w

w w w

wwww wwww

qu qu qu qu quiz

ww ww

wri wri wri wri wrig

quiz                    wrig

an upside-down walrus

*Undercurve Letters*

r n s s

n n n n n

s s s s s

a sleepy raccoon

n n

run run run run run

ss ss

sun sun sun sun sun sun

run                    sun

9

*Undercurve Letters*

j j    p p

j    j    j    j

p    p    p    p

a juggling pig

jj    jj

ju    ju    ju    ju    ju    jug

pp    pp

pa    pa    pa    pa    pan

jug                    pan

e e l

*a leaping elephant*

e e e e

l l l l

ee ee

et et et et et wet

ll ll

la la la la lamp

wet      lamp

*Loop Letters*

b b f f

b b b b

f f f f

bb bb

bt bt bt bt blue

a baby frog

ff ff

fa fa fa fa fast

blue                    fast

h h k k

h h h h

k k k k

hh hh

ho ho ho ho hop

a hungry kangaroo

kk kk

ke ke ke ke ke key

hop          key

13

*Loop Letters*

Name

Trace and write the lowercase cursive letters.

a                    b                    c

d                    e                    f

g                    h                    i

j                    k                    l

m                    n

o                    p                    q

r                    s                    t

u                    v                    w

x                    y                    z

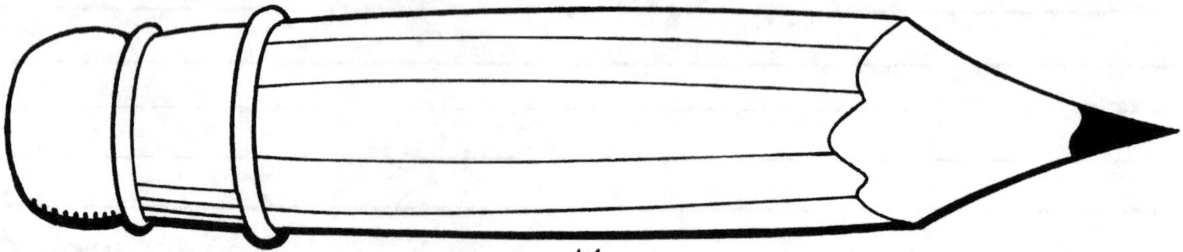

A a O O

A A A A

O O O O

Amy Owen's apron

A A     O O

Am Am Am Amy

Our Our Our Owen

Amy Owen

    Downcurve Letters

CCEE

Eric Cline's coat

C C          EE

Ev    Ev   Ev   Ev   Ev   Ev   Eric

Cl    Cl   Cl   Cl   Cl   Cl   Cline

Eric Cline

Downcurve Letters

N n M m

𝓃

𝓂

𝓃  𝓃

𝓂  𝓂

Mary Nash's medal

Ma  Ma  Ma  Mary

Na  Na  Na  Nash

Mary Nash

H H K K

H H H H

K K K K

H H    K K

Ke Ke Ke Ke Ken

Ha Ha Ha Ha Ha Haw

Ken Haw

Ken Haw's house

*Curve Forward Letters*

V V W U

V V V V

U U U U

V V W W

Wi Wi Wi Wi Will

Will Vaughn's violin

Va Va Va Va Vaughn

Will Vaughn

Curve Forward Letters

U U Y Y

U U U U

Y Y Y Y

*Yolanda Unger's uniform*

U U          Y Y

Yo Yo Yo Yo Yolanda

Un Un Un Un Unger

Yolanda Unger

$\mathcal{X}$ $\mathcal{X}$ $\mathcal{Z}$ $\mathcal{Z}$

$\mathcal{X}$ $\mathcal{X}$ $\mathcal{X}$ $\mathcal{X}$ $\mathcal{X}$

$\mathcal{Z}$ $\mathcal{Z}$ $\mathcal{Z}$ $\mathcal{Z}$

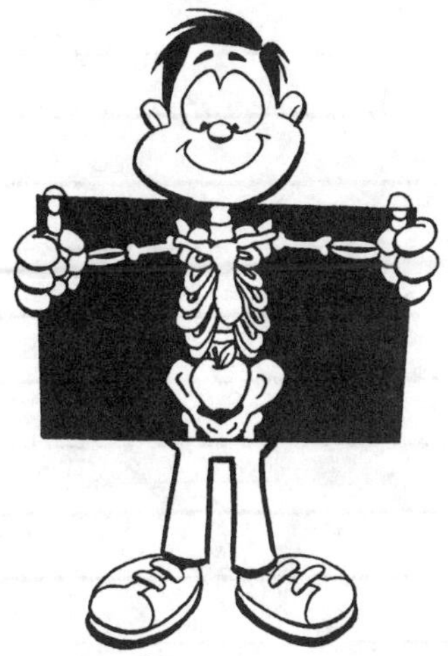

Xavier Zigler's x-ray

$\mathcal{X}$ $\mathcal{X}$ $\mathcal{Z}$ $\mathcal{Z}$

Xa Xa Xa Xa Xavier

Zi Zi Zi Zi Zigler

Xavier Zigler

21
Curve Forward Letters

Name _____

B B P P R R

B B B B

P P P P

R R R R

Paul Brian Roe's present

Pa Pa        Paul

Br Br        Brian

Ro Ro        Roe

Paul Brian Roe

TO: PAUL B. ROE

*Undercurve Slant Letters*

D D D D

$\mathcal{D}$ $\mathcal{D}$ $\mathcal{D}$ $\mathcal{D}$

L L L L

D D L L

Do Do Do Donna

La La La La Lang

Donna Lang

Donna Lang's desk

Loop Letters

Name

S S G G

S S S S

G G G G

S S G G

Sa Sa Sa Sa Sam

Ga Ga Ga Gamble

Sam Gamble

Sam Gamble's glove

$\mathcal{T}$ $\mathcal{T}$ $\mathcal{T}$

$\mathcal{T}$ $\mathcal{T}$ $\mathcal{T}$ $\mathcal{T}$ $\mathcal{T}$

$\mathcal{T}$ $\mathcal{T}$ $\mathcal{T}$ $\mathcal{T}$ $\mathcal{T}$

*Tia Ford's family*

$\mathcal{T}$ $\mathcal{T}$ $\mathcal{T}$ $\mathcal{T}$

$\mathcal{T}i$ $\mathcal{T}i$ $\mathcal{T}i$ $\mathcal{T}i$ $\mathcal{T}ia$

$\mathcal{F}o$ $\mathcal{F}o$ $\mathcal{F}o$ $\mathcal{F}o$ $\mathcal{F}ord$

*Tia Ford*

Ii Jj Qq

Il Il Il Il

Jj Jj Jj Jj

Qq Qq Qq Qq

Ian Jack Quinn's journal

MY JOURNAL

Ian
Jack
Quinn

Ia Ia Ian

Ja Ja Jack

Qu Qu Quinn

Ian Jack Quinn

Overcurve Letters

Name _____

Trace and write the uppercase letters.

A           B           C

D           E           F

G           H           I

J           K           L

M           N

O           P           Q

R           S           T

U           V           W

X           Y           Z

Name _____

Trace and write the numbers and number words.

| | |
|---|---|
| 0 | zero |
| 1 | one |
| 2 | two |
| 3 | three |
| 4 | four |
| 5 | five |
| 6 | six |
| 7 | seven |
| 8 | eight |
| 9 | nine |
| 10 | ten |

Name_____

Trace and write the days of the week.

Sunday

Friday

Monday

Saturday

Tuesday

Wednesday

Thursday

Sunday
Monday
Tuesday
Wednesday
Thursday
Friday
Saturday

Name_____

*Trace and write the months of the year.*

January

February

March

April

May

June

July

August

September

October

November

December

Name_____

*Trace and write the names of the planets.*

Mercury

Venus

Earth

Mars

Jupiter

Saturn

Uranus

Neptune

Pluto

Name